BEI GRIN MACHT SICH IHR
WISSEN BEZAHLT

AF167216

- Wir veröffentlichen Ihre Hausarbeit,
  Bachelor- und Masterarbeit

- Ihr eigenes eBook und Buch -
  weltweit in allen wichtigen Shops

- Verdienen Sie an jedem Verkauf

Jetzt bei www.GRIN.com hochladen
und kostenlos publizieren

Preis- und Nachfrageelastizität in verschiedenen Marktformen

GRIN :)

Bibliografische Information der Deutschen Nationalbibliothek:

Die Deutsche Nationalbibliothek verzeichnet diese Publikation in der Deutschen Nationalbibliografie; detaillierte bibliografische Daten sind im Internet über http://dnb.d-nb.de abrufbar.

ISBN: 9783346731524
Dieses Buch ist auch als E-Book erhältlich.

Deutsche Hochschule für
Prävention und Gesundheitsmanagement
Hermann-Neuberger-Sportschule 3
66123 Saarbrücken

Studiengang	**Prävention und Gesundheitsmanagement**
Studienmodul	**Marketing und Vertrieb I**
Datum Präsenzphase (siehe Ergebnisdokumentation)	**11.07. – 13.07.2022**
Aufgabe	1) **Marktformen** 2) **Preis- und Nachfrageelastizität** 3) **Asymmetrische Informationen und Märkte** 4) **Wettbewerbsstrategien**

Inhaltsverzeichnis

1   Marktformen

In der folgenden Aufgabe geht es um die Marktform des Polypols und die Auswirkungen des demografischen Wandels. Des Weiteren werden Änderungen in der Preisbildung und den damit verbundenen Gewinn der Unternehmen beleuchtet, sowie der Unterschied zwischen kurz- und langfristige Effekte. Abschließend wird die Nachfrage nach gut ausgebildeten Fitnessfachkräften genauer beleuchtet.

1.1 Polypol

Eine der drei idealtypischen Marktformen ist das Polypol. Das Polypol ist charakterisiert durch eine Vielzahl von Anbietern und Nachfragern auf dem Markt (Strotebeck, 2020). Anhand des folgenden Beispiels „Fitness- und Präventionsdienstleitungen an Älteren" wird die Auswirkung des demografischen Wandels hinsichtlich der Marktform des Polypols erläutert. Laut Birg & Flöthmann (2002, S.387) nimmt in Deutschland die demographische Alterung zu. Die deutlich steigende Lebenserwartung führt zu einer höheren Zahl an älteren Menschen. Neben den höheren Einkommen während der Erwerbstätigkeit, steigt auch die Rente in Deutschland weiter an. Das Thema „Sport und Fitness" stellt in allen Altersgruppen einen gesellschaftlichen Trend dar, so dass auch bei den Älteren die Nachfrage nach Fitnessangeboten steigt. Aufgrund dessen steigen die Preise in den Anlagen. Durch die steigende Nachfrage und die Aussichten auf den hohen Gewinn, werden immer mehr neue Anlagen auf dem Markt eröffnet, wodurch die Angebotskurve steigt. Es werden weiterhin so lange neue Unternehmen gegründet und Anlagen eröffnet, bis der ursprüngliche Anfangspreis wieder erreicht ist. Die Preise der Unternehmen sinken wieder, um konkurrenzfähig zu bleiben und anderen Anbieter auszustechen. Diesen Preisdruck halten nicht alle Anbieter aus, so dass sie aus dem Wettbewerb aussteigen. Dadurch gehen die Preise und das Gewinnniveau wieder zum Ausgangspunkt zurück.

1.2 Kurzfristige Änderungen für ein einzelnes Unternehmen

Die Gründung weiterer Unternehmen und den damit verbundenen Markteintritt haben kurzfristige Auswirkungen auf die Preisbildung und den Gewinn der einzelnen Unternehmen. Abbildung 1 zeigt, dass die Nachfrage am Markt von D1 auf D2 steigt, dadurch entsteht ein Nachfrageüberschuss. Die Preise steigen demnach kurzfristig von P1 auf P2.

Der Gewinn des Unternehmens erhöht sich, da das Unternehmen die Menge von q1 auf q2 erhöht.

Die folgende Abbildung zeigt die Auswirkungen kurzfristiger Preisänderungen auf den Gewinn.

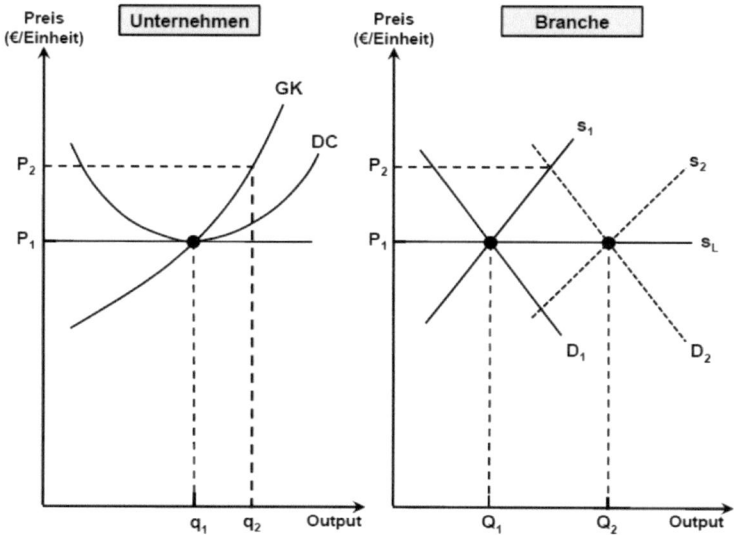

Abbildung 1: kurzfristige Änderungen Preisbildung und Gewinn (modifiziert nach Pindyck & Rubinfeld, 2005, S.388)

1.3 Kurzfristige und langfristige Effekte

Die kurzfristigen Effekte wie beispielsweise der steigende Gewinn, treten für ein Unternehmen so lange auf, bis weitere Mitbewerber in den Markt eintreten. Sobald mehrere Mitbewerber auf dem Markt vertreten sind, müssen die Preise wieder gesenkt werden, so dass jedes Unternehmen Wettbewerbsfähig ist. Bei den langfristigen Effekten hingegen wird eine Preissenkung angepasst, um sich an die Mitbewerber anzupassen und einen aktiven Wettbewerb auf dem Markt zu ermöglichen. Wird diese Anpassung nicht vorgenommen, so besteht die Gefahr das Kunden zu einem Mitbewerber wechseln und die Gewinne des Unternehmens sinken. Der Preiswettbewerb bei homogenen Produkten gilt als einziger Aktionsparameter der Mitbewerber. Die Preise für homogene Güter werden von den Anbietern gleichzeitig festgesetzt, so besteht nicht die Möglichkeit, dass ein Anbieter die Preise geringer setzt und dadurch die Kunden bei ihm kaufen. Grundsätzlich können verschiedene Parameter, wie beispielsweise der demografische Wandel dazu führen, dass die Preise aufgrund der hohen Nachfrage angepasst werden. Werden allerdings die Mitbewerber nicht mit einbezogen, kann die Handlung dazu führen, dass die Kunden zum günstigeren Anbieter wechseln oder Anbieter die Preise so günstig gestaltet haben, dass sie mit jeder produzierten Einheit Geld verlieren (Pindyck & Rubinfeld, 2013, S. 629-630).

1.4 Langfristige Marktanpassung

Die Fitnessbranche ist, wie jede andere Branche auch, auf gut ausgebildete Fachkräfte angewiesen. Aufgrund langfristigen Marktanpassungen, wie beispielsweise den sinkenden Preisen, da es immer mehr neue Markteintritte gibt, erhöht sich auf dem Arbeitsmarkt die Nachfrage nach Fachkräften. Durch die eher niedrige Entlohnung in der Branche, ist die Nachfrage nach Ausbildungsplätzen sehr gering, wodurch später die gut ausgebildeten Fachkräfte fehlen. Die wenigen gut ausgebildeten Fachkräfte sind in einer guten Position sich den Arbeitgeber nach dem angebotenen Lohn auszusuchen. Allerdings fallen die Gewinne der Unternehmen, aufgrund der immer geringeren Preise auf dem Markt, nicht im gleichen Maß so hoch aus, wie das benötigte Personal und die damit verbundenen Lohnkosten. Durch den demografischen Wandel und der immer weiter steigenden Nachfrage haben Unternehmen die Möglichkeit die Preise anzupassen und ein Teil der Gewinne auf die Personalkosten umzulegen, so dass eine Ausbildung oder ein Studium in der Fitness und Gesundheitsbranche wieder attraktiver wird.

2 Preis- und Nachfrageelastizität

Die folgende Aufgabe beschäftigt sich mit dem Thema der monopolistischen Konkurrenz. Unter anderem wird die Preiselastizität der Nachfrage, Preisänderungen Nachfrageänderungen betrachtet. Abschließend wird die Rolle der Werbung für die Marktform genauer erläutert und anhand einer Grafik dargestellt.

2.1 Monopolistische Konkurrenz

Laut Richter (2021) stellt die monopolistische Konkurrenz eine weit verbreitete Marktform da, die aus zwei, widersprüchlich klingenden, Merkmalen besteht. Die monopolistische Konkurrenz ist durch eine atomistische Angebots- und Nachfragestruktur charakterisiert, es gibt viele Anbieter und auch viele Nachfrager. Die Güter sind heterogen, das
heißt sie sind nicht gleich, sondern ähnlich und unterscheiden sich im Detail, sodass der
Wettbewerb unvollständig ist. Durch die Heterogenität der Güter, ist die Transparenz des
Preiswettbewerbs nicht gegeben und Unternehmen können demnach, wie Monopolisten
agieren (Richter, S.2021). Betrachtet man die Definition nach Gröndahl und Leroch
(2011, S. 121) ist die monopolistische Konkurrenz eine Marktform, bei der viele kleine
Anbieter eine gewisse Marktnische bedienen und die Mitbewerber untereinander um die
Konsumenten buhlen. Der Monopolist wird oft durch das Marken- oder Patentrecht von
der potenziellen Konkurrenz geschützt. Die Kunden eines Monopolisten würden nur bei
sehr großen Preis- und Qualitätsunterschieden zur Konkurrenz wechseln. Der Monopolist
geht davon aus, dass seine Preis- und Mengenentscheidungen keinen Einfluss auf die anderen Mitbewerber hat (Gröndahl & Leroch, 2011, S. 122). „Allgemeinen gibt eine Elas-
tizität das Verhältnis der prozentualen Änderung einer Variablen zu der sie verursachen-
den prozentualen Änderung einer anderen Variablen an". (Simon & Fassnacht, 2016,
S.108). Die Preiselastizität misst also den Einfluss des Preises auf die Absatzmenge. Die
Preiselastizität der Nachfrage gibt an, wie stark der Absatz eines Produktes auf eine Preisänderung reagiert (Olbrich & Battenfeld, 2014, S. 24). Nimmt ein Unternehmen eine geringe, erhebliche Preissenkung vor, so wird die Nachfrage und die damit verbundene Absatzmenge steigen. Damit ist die Nachfrage elastisch. Nimmt ein Unternehmen eine geringe, erhebliche Preiserhöhung vor, so werden die Nachfrager möglicherweise bei anderen Mitbewerbern kaufen und die Nachfrage sowie die Absatzmenge werden sinken
(Gröndahl & Leroch, 2011, S.44).

2.2 Werbung in der monopolistischen Konkurrenz

„Werbung ist die Beeinflussung von verhaltensrelevanten Einstellungen mittels spezifi-
scher Kommunikationsmittel, die über Kommunikationsmedien verbreitet werden. Werbung zählt zu den Instrumenten der Kommunikationspolitik im Marketing-Mix. Durch
die kostenintensive Belegung von Werbeträgermedien ist es das auffälligste und bedeu-
tendste Instrument der Marketingkommunikation" (Gabler Wirtschaftslexikon, 2022).

Die folgende Abbildung Nummer 2 zeigt die Verschiebung der Nachfragekurve durch Einsatz von Werbung an.

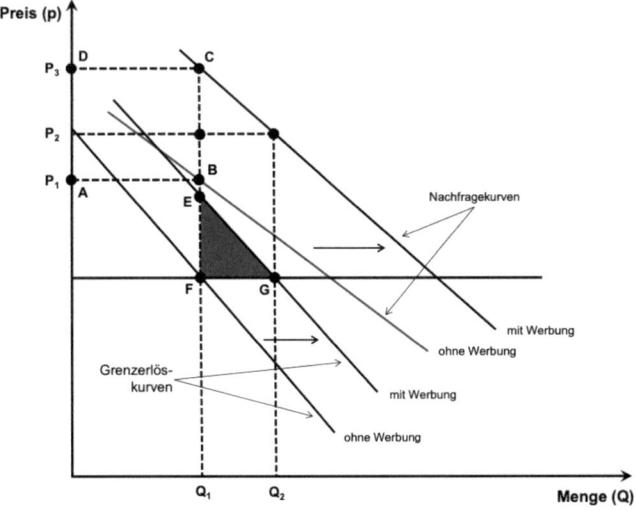

Abbildung 2: Verschiebung Nachfragekurve durch Werbung (modifiziert nach Stiglitz & Walsh, 2010, S. 402)

Die Abbildung 2 von Stiglitz und Walsh (2010, S. 402) soll die bedeutende Rolle der Werbung für die monopolistische Konkurrenz genauer erläutern. Setz ein Unternehmen Werbung ein, hat es die Möglichkeit die bisherige Absatzmenge zu einem höheren Preis zu verkaufen (P3 statt P1). Der Umsatz des Unternehmens nimmt um die ursprüngliche Absatzmenge (Q1) mal der Preisänderung (P3-P1) zu. Zu erkennen ist das in der oben gezeigten Abbildung 2 an der Fläche ABCD. Die Nachfragekurve und die Grenzerlöskurve verschiebt sich nach oben, dadurch kann die Absatzmenge erhöht werden. Die Grenzkosten werden mit dem Grenzerlös gleichgesetzt, damit der Output von Q1 auf Q2 steigt. Der dadurch entstehende zusätzliche Umsatz wird durch die Fläche zwischen der Grenzerlöskurve und der Grenzkostenkurve von Q1 bis Q2 gemessen. Der entstehende Gewinn ist durch die Fläche FEG gekennzeichnet. Der Nettozuwachs des Unternehmens ist also der Gewinn der Fläche ABCD mit der Fläche EFG minus der entstandenen Werbekosten (Stiglitz & Walsh, 2010, S.402).

3 Asymmetrische Informationen und Märkte

In den nachfolgenden Aufgabenteilen werden die Probleme mit den asymmetrischen Informationen auf den Märkten genauer erklärt. Zusätzlich wird das „Market for Lemon-Problem" genauer betrachtet und die Wichtigkeit des Signaling erläutert. Praxisnahe Beispiele aus der Fitness- und Gesundheitsbranche veranschaulichen die vorher getätigten Aussagen und Definitionen.

3.1 Asymmetrische Informationen

Adverse selection bezeichnet eine „Ausprägung von Marktversagen, welches aus der Informationsasymmetrie zwischen Vertragspartnern von Vertragsabschluss resultiert" (Gabler Wirtschaftslexikon, 2022). Laut Stiglitz & Walsh (2010) entsteht eine adverse selection wenn Produkte mit verschiedener Qualität zum gleichen Preis verkauft werden und Käufer und Verkäufer zum Kaufzeitpunkt nicht die ausreichenden Informationen über die wahre Qualität der Produkte haben. Oftmals hat der Vertreter mehr Informationen über das Produkt und die Qualität als der Auftraggeber. Auf dem Markt herrscht das Problem der asymmetrischen Informationen, wenn das in großen Mengen vorhandene qualitativ minderwertige Produkt, das in geringen Mengen vorhandene qualitativ hochwertige Produkt verdrängt. Die Folgen können eine Marktzerstörung und Marktversagen sein. In seinem 1970 veröffentlichen Artikel „The Market for Lemons" beschrieb George Akerlof das Problem der asymmetrischen Informationen. Akerlof erklärte, dass Käufer eines Produktes weniger Informationen über das Kaufobjekt besitzen als der Verkäufer. Im Folgenden wird das „Market for Lemons" Problem an einem Beispiel aus der Fitness- und Gesundheitsbranche verdeutlicht. Der Geräthersteller Assault Fitness produziert und vermarktet hochwertige Airbikes in den Varianten Basic und Pro. Mit diesen Bikes möchte der Hersteller Fahrräder auf dem Markt etablieren, welche ohne Motor funktionieren und eine Abwechslung zum einfachen Fahrradergometer bieten. Ein Käufer orientiert sich beim Kauf an dem Durchschnittswert für ein solches Airbike, da er die Qualität des Produktes, durch zu wenige Informationen, nur schwer einschätzen kann. Der Durchschnittswert liegt allerdings unter dem Wert des hochwertigen Produktes, wodurch der Geräthersteller seine hochwertigen Bikes nicht zu dem hohen Betrag verkauft bekommt und den Markt wieder verlässt, bevor er seine Preise senkt. Nach diesem Prinzip werden immer mehr Anbieter von hochwertigen Produkten vom Markt verdrängt und es bleiben nur noch Anbieter mit schlechter Qualität auf dem Markt, die ihre Preise immer weiter nach unten senken. Dadurch sinkt sowohl die Zahlungsbereitschaft als auch die Qualitätserwartungen der Kunden.

3.2 Signaling

Signaling dient der Informationsübertragung von der informierten Seite an die uninformierte Seite des Marktes. Die informierte Seite teilt der uninformierten Seite beispielsweise Informationen zur Qualität eines Produktes oder einer Dienstleistung mit, damit diese besser bewerten und beurteilt werden können (Hopf, 1983). Sucht ein Arbeitgeber einen neuen Arbeitnehmer, kann er die Produktivität des Bewerbers nicht direkt beurteilen. Durch das Signaling kann der Arbeitgeber einen ersten Eindruck zur Produktivität des Bewerbers bekommen. Am Beispiel eines dualen Studiums, signalisiert ein Arbeitnehmer das er produktiv, belastbar, lernfähig und zielorientiert ist. Ein duales Studium bedeutet eine Doppelbelastung und fordern eine gewisse Disziplin, da neben der wöchentlichen Arbeitszeit im Betrieb auch eine gewisse Stundenzahl für das Lernen, Vorbereiten auf Klausuren und Hausarbeiten, sowie die ggf. Präsenzzeiten aufzubringen ist. Diese ganzen genannten Faktoren und Eigenschaften können auch als Kosten betrachtet werden. Ein Studienabschluss zeigt einem Unternehmen, dass der Arbeitnehmer die Fähigkeiten besitzt etwas zu erlernen und den Ehrgeiz hat etwas zu beenden, allerdings muss das Studium dafür auch einen gewissen Schwierigkeitsgrad aufweisen. Je höher die oben genannten Kosten für einen Studierenden sind, desto aufwendiger ist das Studium für ihn und umso unproduktiver ist er. Je geringer die Kosten sind, die ein Student in das Studium investiert, desto leichter fällt ihm das Studium und umso produktiver ist er. Veranschaulicht wird das Ganze durch die folgenden Abbildungen.

Die Abbildung 3 zeigt die hohen aufzuwendenden Kosten und Abbildung 4 die geringen aufzuwendenden Kosten eines Studenten für sein Studium.

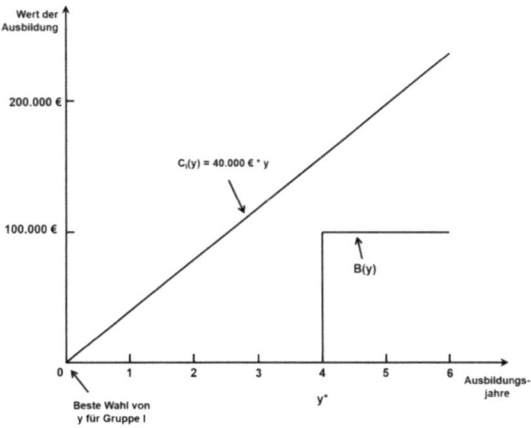

Abbildung 3: hohe aufzuwendenden Kosten (modifiziert nach Pindyck & Rubinfeld, 2013, S. 856)

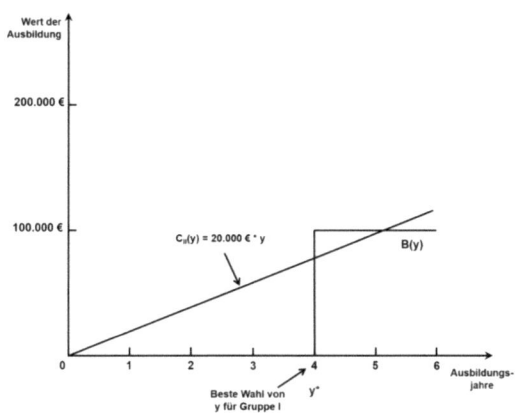

Abbildung 4: geringe aufzuwendende Lernkosten (modifiziert nach Pindyck & Rubinfeld, 2013, S. 856)

3.3 Anwendung in der Praxis

Der DSSV, der Arbeitgeberverbund deutscher Fitness- und Gesundheitsanlagen, zertifiziert Fitness- und Gesundheitsanlagen um die Qualität der einzelnen Anlagen zu sicher. Die DIN 33961 deckt regelt Normen und Anforderungen aus den Bereichen des gerätegestützten Herz-Kreislauftrainings, des Gruppentrainings, des gerätegestützten Krafttrainings sowie grundlegenden Anforderungen an den Service und die Hygiene im Studio (DSSV, 2022). Eine solche Zertifizierung ist ein starkes Signal gegenüber der Konkurrenz und zeigt jedem Kunden und Interessenten die Qualität der Arbeit. Das Easyfitness Studio Hannover-Süd ist seit 2016 nach der oben genannten DIN-Norm zertifiziert. Dem Geschäftsführer Herr Markus Tapper (Easyfitness, 2022) war es wichtig, die hohen Standards zu erhalten und den Mitgliedern in Zeiten der Coronapandemie die Sorge zu nehmen, dass sich nicht ausreichend an die vorgegeben Hygieneauflagen gehalten wird (BSA-Zert, 2020). Ein weiteres Beispiel aus der Praxis bietet auch wieder das Franchiseunternehmen Easyfitness. Im ersten Halbjahr des Jahres 2022 wurde das Franchiseunternehmen erneut zum Testsieger gekürt (Easyfitness, 2022). Im Rahmen der Studie „Fitness-Studios 2022" hat die Deutsche Gesellschaft für Verbraucherstudien (DtVG) die Qualität der Beratungs- und Servicequalitäten geprüft. Easyfitness wurde mit der Test Note „Sehr gut (1,5) ausgezeichnet und landete damit auf dem ersten Platz. Easyfitness hat sich unteranderem gegen die Mitbewerber Fitness First, FitX und Injoy durchgesetzt (DtGV, 2022). Diese Auszeichnung ist ein starkes Signal gegenüber anderen Studios im Niedrigpreissegment und für Interessenten.

4 Wettbewerbsstrategien

In der Gesundheitsbranche ist es möglich, dass zu unterschiedlichen Tageszeiten unterschiedliche Preise berechnet werden. Ein Grund für den Einsatz dieser Strategie ist es, dass die Auslastung im Studio am Abend viel höher ist als am Morgen. Die am Abend steigenden Grenzkosten sollen durch höhere Preise zu dieser Zeit gedeckt werden. Gelingt es einem Unternehmen also, das am Abend der Grenzerlös gleich den Grenzkosen ist, wird die Stoßzeit am Abend einen höheren Preis realisieren. Der vergünstige Vormittagspreis soll das Training direkt in der ersten Tageshälfte attraktiver machen und dadurch eine höhere Auslastung erreicht werden. Das Ziel dieser Strategie ist es, dass die erhöhte Nachfrage zu bestimmten Zeiten mit erhöhten Preisen besetzt ist. Die Abbildung 5 stellt die Spitzenlast-Preisbildung dar. Die Fitnessanlagen von Fitness First haben im Jahr 2018 mit einer solchen Strategie gearbeitet und diese „Daytime" genannt. Unter der Woche durfte mit einer solchen Mitgliedschaft täglich von Cluberöffnung bis 16 Uhr trainiert werden, dafür gab es jeden Monat Rabatt in Höhe von zehn Euro auf den monatlich anfallenden Mitgliedsbeitrag. Am Wochenende und Feiertagen durfte zu jeder Tageszeit trainiert werden (Fitnessstudio-Erstattung.de, 2022). Ein weiteres Beispiel aus der Fitness- und Gesundheitsbranche bat im Jahr 2019 das Fitnessstudio ELAN aus Hildesheim. Laut S.Stelzer (persönl. Mitteilung, 27.07.2022), ein ehemaliger Mitarbeiter aus dem ELAN in Hildesheim, gab es dort die Möglichkeit einen vergünstigen Jahrestarif zu erhalten, wenn man mit der Beschränkung von 104 Checkins im Jahr einverstanden war. Durch die 104 Checkins im Jahr, war ein einem Mitglied im Durchschnitt möglich zweimal pro Woche das Studio zu besuchen und ein Training zu absolvieren.

Die Abbildung 5 zeigt das Ziel der oben genannten Beispiele, dass beim Nachfragehöhepunkt (Nachfragekurve D1) zu den Stoßzeiten am Abend höheren Preise (P1) zu verlangen. Bei einer niedrigeren Nachfrage (D2) werden auch niedrigere Preise (P2) verlangt.

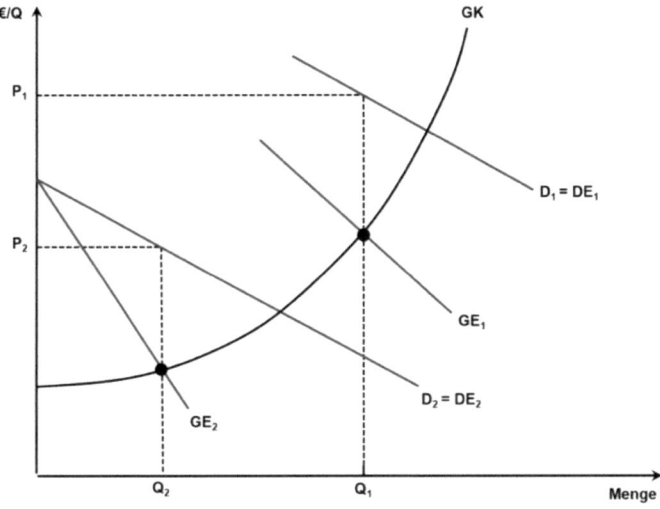

Abbildung 5: Spitzenlast-Preisbildung (modifiziert nach Pindyck & Rubinfeld, 2013, S.558)

5 Literaturverzeichnis

Akerlof, G.A. (1979). Efficieny wage models oft he labor market. *Cambringe university press*. New York.

Birg, H. & Flöthmann, E. (2002). Langfristige Trends der demographischen Alterung in Deutschland. *Zeitschrift für Gerontologie und Geriatrie*, 35, 387-398.

BSA-Zert (2020). *Erstes Studio beginnt Hygienezertifizierung.* Zugriff am 26.07.2022. Verfügbar unter https://www.bsa-zert.de/erstes-studio-beginnt-hygienezertifizierung/

DSSV (2022). *Die DIN-Norm 33961: Demokratisch legitimierte Norm.* Zugriff am 26.07.2022. Verfügbar unter https://www.dssv.de/din-norm-33961/

DtGV (2022). *Fitness-Studios 2022 – fit und aktiv durchstarten.* Zugriff am 26.07.2022. Verfügbar unter https://www.dtgv.de/tests/fitness-studios-2022/

Easyfitness (2022). *Hannover-Süd.* Zugriff am 26.07.2022. Verfügbar unter https://easy-fitness.club/studio/easyfitness-hannover-sued/

Easyfitness (2022). *Wir wurden ausgezeichnet.* Zugriff am 26.07.2022. Verfügbar unter https://www.instagram.com/p/Cc5OOcJqF6_/

Fitnessstudio-Erstattung.de (2022). *Fitnessstudios wegen Corona geschlossen: Erstattung von Fitness First Germany?.* Zugriff am 26.07.2022. Verfügbar unter https://www.fitnessstudio-erstattung.de/fitness-first

Gabler Wirtschaftslexikon (2022). *Adverse Selection.* Zugriff am 26.07.2022. Verfügbar unter https://wirtschaftslexikon.gabler.de/definition/adverse-selection-26952

Gabler Wirtschaftslexikon (2022). *Werbung.* Zugriff am 26.07.2022. Verfügbar unter https://wirtschaftslexikon.gabler.de/definition/werbung-48161

Gröndahl, J. & Leroch, M. (2011). *Mikroökonomie: Wissenswertes auf einen Blick.* Verlag: Bookboon.

Hopf, M. (1983). *Informationen für Märkte und Märkte für Informationen* (14. Aufl.).
Frankfurt: Barudio und Hesse

Olbrich, R. & Battenfeld, D. (2014). *Preispolitik. Ein einführendes Lehr- und Übungsbuch* (2. Aufl.). Berlin Heidelberg: Springer Gabler

Pindyck, R. & Rubinfeld, D.L. (2013). *Mikroökonomie* (8. Aufl). München: Pearson

Richter, R. (2021). *Makroökonomie – Schnell erfasst* (2. Aufl). Berlin: Springer Gabler

Simon, H. & Fassnacht, M. (2016). *Preismanagement. Strategie – Analyse – Entscheidungen – Umsetzung* (2. Aufl). Springer Gabler: Wiesbaden

Stiglitz, J.E. & Walsh, C.E. (2010). *Mikroökonomie 1 zur Volkswirtschaftslehre* (4. Aufl.). Verlag: Oldenbourg

Strotebeck, F. (2020). *Einführung in die Mikroökonomik. Band I: Theoretische Grundlagen.* Springer Gabler: Wiesbaden

6 Abbildungsverzeichnis

6.1 Abbildungsverzeichnis

BEI GRIN MACHT SICH IHR
WISSEN BEZAHLT

- Wir veröffentlichen Ihre Hausarbeit,
  Bachelor- und Masterarbeit

- Ihr eigenes eBook und Buch -
  weltweit in allen wichtigen Shops

- Verdienen Sie an jedem Verkauf

Jetzt bei www.GRIN.com hochladen
und kostenlos publizieren